DAS MEER

Idee:
Christophe Hublet

Text:
Emilie Beaumont
Hélène Grimault

Illustrationen:
Christelle Desmoinaux

Übersetzung aus dem Französischen
von Elena Wassmann

FLEURUS
VERLAG

Das Meerwasser

Der Großteil unseres Planeten ist
von Wasser bedeckt. Vom Weltraum
aus betrachtet sieht die Erde blau aus,
denn man nimmt vor allem die riesigen Flächen
der Meere und Ozeane wahr. Aus diesem Grund
wird die Erde auch Blauer Planet genannt.

Die Farbe des Meeres
ändert sich mit der
des Himmels.

Eigentlich ist das
Meerwasser farblos.
Doch bei schönem
Wetter wirkt es blau, bei
wolkigem Himmel oder
Regen grau bis grün.

In Küstennähe, wo das
Wasser flach ist, spielt auch
die Farbe des Meeresgrunds
eine Rolle.

In warmen Regionen
schimmert das Meer
durch den weißen,
sandigen Grund
türkis-blau.

Je tiefer man taucht, umso kälter und dunkler wird es. Die Sonnenstrahlen dringen nur bis zu einer bestimmten Wassertiefe durch.

Wenn ein Schiff Öl verliert, legt sich ein schwarzer Ölteppich über das Wasser. Die Wellen treiben das Öl an die Küste und verschmutzen sie.

Meerwasser ist salzig. Manche Meere enthalten besonders viel Salz: Im Toten Meer ist der Salzgehalt so hoch, dass selbst Nichtschwimmer nicht untergehen. Das Wasser trägt sie!

Unter Wasser gibt es richtige Landschaften mit Gebirgen, Schluchten, Vulkanen und Ebenen. Der Meeresgrund ist nicht einfach flach!

Ebbe und Flut

Ein- oder zweimal am Tag sinkt oder steigt der Wasserspiegel an der Küste: Das nennt man Ebbe und Flut oder die Gezeiten. In einigen Meeren spielen die Gezeiten keine Rolle, in anderen sind sie sehr ausgeprägt. Man sollte sich über die Gezeiten gut informieren, um nicht vom steigenden Wasser überrascht zu werden.

Bei Flut steigt der Meeresspiegel. Der Strand wird deutlich kleiner und im Hafen schwimmen alle Boote im Wasser.

Bei Ebbe zieht sich das Wasser zurück und gibt den Strand wieder frei. Im Hafen liegen nun viele Boote auf Grund.

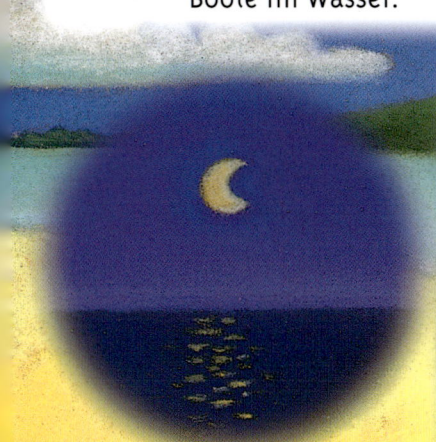

Ebbe und Flut werden durch die Anziehungskraft von Mond und Sonne verursacht. Die Stärke der Gezeiten hängt von der jeweiligen Stellung der beiden Gestirne ab.

Manchmal steigt die Flut sehr schnell. Am besten suchst du dir am Strand einen Platz weit vom Wasser entfernt. So wird nichts nass!

Die Wellen

Auch wenn es am Strand windstill ist, kann es Wellengang geben. Die Wellen werden dann durch starke Windböen draußen auf dem Meer verursacht. Es sieht aus, als würden sich die Wellen auf und ab bewegen. In Küstennähe brechen die Wellen dann an den Felsen oder laufen am Strand aus.

An manchen Stränden sind die Wellen genau richtig zum Baden. Es macht Spaß, sich in die Wellen zu werfen.

Bei Sturm bläst der Wind sehr heftig. Die meterhohen Wellen sind für kleine Schiffe und Boote sehr gefährlich. Sie können sie zum Kentern bringen.

Wellen höhlen das Gestein von Felsen und Küsten aus. Durch die andauernde Wucht der Brandung können ganze Küstenstreifen wegbrechen.

Auf dem Meer hat man immer den Eindruck, in Bewegung zu sein — selbst wenn man auf derselben Stelle bleibt. Das liegt am ständigen Auf und Ab der Wellen.

Ein Erdbeben auf dem Meeresgrund, auch Seebeben genannt, kann einen Tsunami auslösen — eine riesige Welle, die viel zerstören kann.

Leben im Meer

Die Tiere, die im Meer leben, sind perfekt an das Leben im Wasser angepasst. Um sich fortzubewegen, Nahrung zu finden oder sich vor Feinden zu schützen, haben sie die unterschiedlichsten Techniken entwickelt: Einige können Farbe oder Form verändern, andere sind raffinierte Fallensteller oder im Schutz der Gruppe unterwegs.

Der Igelfisch pumpt sich bei Gefahr auf und stellt seine Stacheln auf.

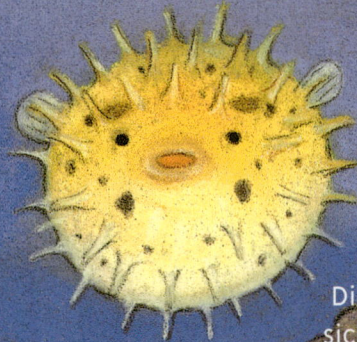

Quallen schützen sich mit ihren giftigen Tentakeln.

Kleine Fische schließen sich zu Schwärmen zusammen und wirken so viel eindrucksvoller auf Feinde.

Die Muräne versteck sich hinter den Felser

Die flache Scholle vergräbt sich im Sand und nimmt dessen Farbe an.

Fische haben Kiemen und können unter Wasser atmen. Wale und Delfine dagegen haben Lungen und müssen auftauchen, um Luft zu holen.

Bei Gefahr verspritzt der Tintenfisch eine schwarze Flüssigkeit. Die entstandene Dunkelheit nutzt er dann zur Flucht vor seinem Verfolger.

Auch in den Ozeanen gibt es so etwas wie reißende Flüsse: die Meeresströme. Sie können warm oder kalt sein. Junge Schildkröten lassen sich über weite Strecken von ihnen treiben.

In der Tiefsee herrscht völlige Dunkelheit. Die meisten Fische, die dort leben, haben Leuchtorgane, mit denen sie ihre Beute anlocken.

Fressen und gefressen werden

Wie alle Lebewesen müssen auch die Meerestiere
Nahrung zu sich nehmen, um zu überleben.
Jede Art hat ihre eigenen Vorlieben:
Es gibt Pflanzenfresser und Fleischfresser.
Meistens ist die Beute kleiner als der Jäger.

Die großen
Fische jagen
kleine Fische.

Die Meeresräuber
(Hai, Orca) ernähren sich
von großen Fischen.

Die Krebstierchen ernähren sich
von winzig kleinen Tieren und
Pflanzenteilen, die mit bloßem Auge
nicht zu erkennen sind.

Bartenwale jagen trotz ihrer Größe keine Fische. Sie fressen Krill, winzige Krebstierchen, diese allerdings gleich tonnenweise!

Wenn Hummer wachsen, streifen sie den alten, zu klein gewordenen Panzer ab. Der neue Panzer ist zunächst noch weich. Da ist Vorsicht geboten!

Die kleinen Fische fressen kleine Krebstiere.

Der Schwertwal oder Orca jagt Robben, vor allem verlassene Robbenbabys: Mit einem gewaltigen Satz wirft er sich auf das Eis und schnappt zu.

Die Eismeere

In sehr kalten Regionen wie dem Süd- oder Nordpol
sind die Meere zu riesigen Eislandschaften gefroren.
Trotz der harten Witterungsverhältnisse leben
dort Tiere. Eine dicke Fettschicht unter der Haut
schützt sie vor der eisigen Kälte.

In den Polarregionen gefriert das
Meer im Winter zu einer gewaltigen Eisschicht: dem Packeis.
Im Sommer schmilzt es und
zerbirst in große Eisschollen.

Viele Wale
leben in
den kalten
Nordmeeren.

Das Walross erkennt
man an den
beiden großen
Stoßzähnen.
Sie dienen zur
Verteidigung.

Die Jungen der
Sattelrobbe haben
ein weißes Fell.

Manchmal brechen große Eisblöcke von den Gletschern. Der größte Teil dieser Eisberge befindet sich unter der Wasseroberfläche.

Damit Fracht- und Passagierschiffe in den Eismeeren nicht festfrieren, bahnen ihnen spezielle Schiffe den Weg. Sie werden Eisbrecher genannt.

Wenn die Robben unter dem Packeis schwimmen, sind sie auf Atemlöcher im Eis angewiesen. Oft lauert dort der Eisbär auf Beute!

Pinguine leben in großen Kolonien in der Antarktis am Südpol. Diese Vögel können nicht fliegen, aber sie schwimmen hervorragend.

Warme Meere

Die Wassertemperatur ist nicht in allen
Meeren gleich. In heißen Regionen ist sie oft um einige
Grade wärmer. In warmen und relativ flachen Meeren
gibt es Unmengen von Fischen in den schönsten
Formen und Farben. Sie teilen ihren Lebens-
raum mit Tieren, von denen eines
erstaunlicher ist als das andere.

An den Stränden
der warmen Meere
wachsen oft Palmen.

In den Korallenriffen
leben Fische in
leuchtenden Farben.

Korallen sehen aus wie Pflanzen.
Doch es handelt sich um tausende von
kleinen Tieren, die ihre weichen Körper
mit einer harten Kalkschicht schützen.

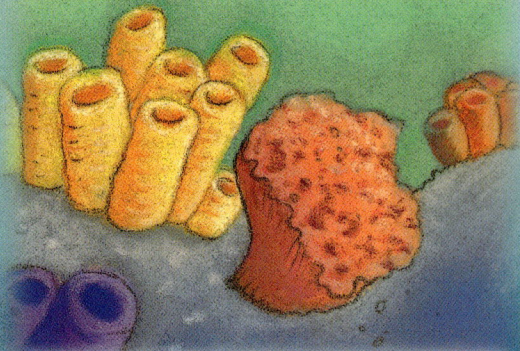

In den warmen Meeren gibt es weitere
merkwürdige Tiere: Schwämme.
Sie haben weder Kopf noch Maul
und leuchten in vielen Farben.

Korallen haben
unterschiedliche
Formen und Farben.

Das Gift der Seeanemonen kann dem Clownfisch
nichts anhaben. Sie bieten ihm Schutz vor
seinen Feinden und er hält sie dafür sauber.

Die Felsküsten

Unter den Felsen und Steinen sowie in
den kleinen Wasserpfützen, die bei Ebbe
am Strand zurückbleiben, tummeln sich
kleine Fische, Krabben, Krebse und Seesterne.
Oft sind die Steine auch voller Muscheln —
kleine Tiere mit einer harten Schale.

Krebse und Krabben lassen
sich bei Ebbe mit der Hand
oder dem Netz fangen.

Algen und Wasserpflanzen
wachsen auf den Felsen im Meer.

Die meisten Muscheln setzen sich an Felsen und Steinen fest. Miesmuscheln gibt es in großer Zahl, Austern sind seltener zu finden.

Seevögel wie die Silbermöwe nisten in Kolonien. Sie bauen ihre Nester auf den Felsvorsprüngen der Steilküsten, wo sie vor Feinden sicher sind.

Wenn du dir eine große Muschelschale ans Ohr hältst, hörst du es rauschen. Man sagt, das sei das Meeresrauschen!

Bei Ebbe kann man am Strand und zwischen den Felsen wunderschöne Muscheln finden. Sie haben ganz unterschiedliche Formen und Farben.

Die Schätze des Meeres

Das Meer birgt viele Schätze: Fische, Muscheln,
Krustentiere, Salz, Algen oder Erdöl. Seit Anbeginn
der Menschheit gehört Fisch zu unserer Nahrung.
Doch heutzutage wird so viel Fisch gefangen,
dass viele Arten vom Aussterben bedroht sind.

Mit Schleppnetzen holen
die Fischer gewaltige Mengen
an Fisch aus dem Wasser.

Fische

Muscheln

Krustentiere

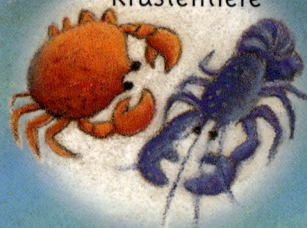

Algen

In Fischfarmen züchtet man Fische für den Verzehr. Sie werden aus Fischeiern gezogen und wachsen in abgetrennten Meerwasserbecken auf.

Unter dem Meeresgrund lagern an manchen Stellen große Mengen Erdöl. Man fördert es von so genannten Bohrinseln aus.

In Ländern, in denen Süßwasser rar ist, entsalzt man das Meerwasser. Dann kann man es trinken!

Meersalz gewinnt man in Salzgärten: Meerwasser läuft in flache, abgegrenzte Becken. Das Wasser verdunstet in der Sonne, zurück bleibt das Salz. Es wird mit großen Rechen eingeholt.